El libro de cocina definitivo de la freidora de aire

Recetas sin esfuerzo para asar, asar, hornear y asar a la parrilla. Queme la grasa sin sentir hambre, recupere la confianza y pierda peso rápidamente.

Ursula Mayert

Índice de contenidos

El siguiente Libro se reproduce a continuación con el objetivo de proporcionar información lo más precisa y fiable posible. Sin embargo, la compra de este libro puede considerarse como un consentimiento al hecho de que tanto el editor como el autor de este libro no son de ninguna manera expertos en los temas discutidos en el mismo y que cualquier recomendación o sugerencia que se hace aquí es sólo para fines de entretenimiento. Se debe consultar a los profesionales que sean necesarios antes de emprender cualquier acción respaldada en este libro.

Esta declaración es considerada justa y válida tanto por la American Bar Association como por el Comité de la Asociación de Editores y es legalmente vinculante en todo Estados Unidos.

La información contenida en las siguientes páginas se considera, en términos generales, una exposición veraz y exacta de los hechos y, como tal, cualquier falta de atención, uso o mal uso de la información en cuestión por parte del lector hará que cualquier acción resultante sea únicamente de su incumbencia. No existe ningún escenario en el que el editor o el autor original de esta obra puedan ser considerados de alguna manera responsables de cualquier dificultad o daño que pueda ocurrirles después de emprender la información aquí descrita.

Además, la información contenida en las páginas siguientes tiene únicamente fines informativos, por lo que debe considerarse universal. Como corresponde a su naturaleza, se presenta sin garantía de su validez prolongada ni de su calidad provisional. Las marcas comerciales que se mencionan se hacen sin el consentimiento por escrito y no pueden considerarse en modo alguno como un respaldo del titular de la marca.

Introducción

La freidora de aire es un aparato de cocina relativamente nuevo que ha demostrado ser muy popular entre los consumidores. Aunque hay muchas variedades disponibles, la mayoría de las freidoras de aire comparten muchas características comunes. Todas tienen elementos calefactores que hacen circular aire caliente para cocinar los alimentos. La mayoría vienen con ajustes preprogramados que ayudan a los usuarios a preparar una amplia variedad de alimentos.

La fritura al aire es un estilo de cocina más saludable porque utiliza menos aceite que los métodos tradicionales de fritura. Además de conservar el sabor y la calidad de los alimentos, reduce la cantidad de grasa utilizada en la cocción. La fritura al aire es un método común para "freír" alimentos que se elaboran principalmente con huevos y harina. Estos alimentos pueden quedar blandos o crujientes a su gusto utilizando este método.

Cómo funcionan las freidoras de aire

Las freidoras de aire utilizan un soplador para hacer circular aire caliente alrededor de los alimentos. El aire caliente calienta la humedad de los alimentos hasta que se evapora y crea vapor. A medida que el vapor se acumula alrededor de los alimentos, crea una presión que extrae la humedad de la superficie de los alimentos y la aleja del centro, formando pequeñas burbujas. Las burbujas crean una capa de aire que rodea el alimento y crea una corteza crujiente.

Elegir una freidora de aire

A la hora de elegir una freidora de aire, busque una que tenga buenas opiniones sobre la satisfacción de los clientes. Comience por las características que necesita, como la potencia, el tamaño de la capacidad y los accesorios. Busque una que sea fácil de usar. Algunas freidoras de aire del mercado tienen un temporizador incorporado y una temperatura ajustable. Busque una que tenga un embudo para recoger la grasa, una cesta apta para el lavavajillas y piezas fáciles de limpiar.

Cómo utilizar una freidora de aire

Para obtener los mejores resultados, precaliente la freidora de aire a 400 F durante 10 minutos. El precalentamiento de la freidora de aire permite alcanzar la temperatura adecuada más rápidamente. Además, precalentar la freidora de aire es esencial para asegurar que su comida no se queme.

Cómo cocinar cosas en una freidora de aire

Si aún no tienes una freidora de aire, puedes empezar a jugar con tus hornos echando unas patatas fritas congeladas y cocinándolas hasta que se doren uniformemente. Dependiendo de tu horno, echa un vistazo a la temperatura. Puede que tengas que aumentar o disminuir el tiempo.

¿Qué alimentos se pueden cocinar en una freidora de aire?

Huevos: Aunque puedes cocinar huevos en una freidora de aire, no lo recomendamos porque no puedes controlar el tiempo y la temperatura de cocción con tanta precisión como con una sartén tradicional. Es mucho más fácil que los huevos se cocinen de forma desigual. Tampoco puedes añadir salsas o condimentos y no obtendrás bordes dorados y crujientes.

Alimentos congelados: Generalmente, los alimentos congelados se cocinan mejor en el horno convencional porque necesitan alcanzar una determinada temperatura para cocinarse correctamente. La freidora de aire no es capaz de alcanzar temperaturas que hagan que los alimentos se cocinen completamente.

Alimentos deshidratados: Los alimentos deshidratados requieren una fritura profunda, algo que no se puede hacer con una freidora de aire. Cuando se trata de cocinar alimentos deshidratados, la freidora de aire no es la mejor opción.

Verduras: Puedes cocinar verduras en una freidora de aire, pero tienes que asegurarte de que la freidora de aire no está ajustada a una temperatura que las queme.

Para asegurarse de que las verduras no se cocinan en exceso, ponga en marcha la freidora de aire con la cesta apagada, y luego eche las verduras una vez que el aire se haya calentado y ya no haya puntos fríos.
Asegúrese de remover las verduras cada pocos minutos. Cocinarlas en la cesta también es una opción, pero pueden pegarse un poco.
Patatas fritas: Freír las patatas fritas en una freidora de aire es una buena manera de conseguir patatas fritas crujientes y doradas sin añadir mucho aceite. En comparación con la fritura convencional, la fritura al aire libre aporta menos calorías.
Para cocinar las patatas fritas en una freidora de aire, utilice una cesta o una rejilla y vierta suficiente aceite para que llegue hasta la mitad de la altura de las patatas. Para obtener los mejores resultados, asegúrese de que las patatas fritas estén congeladas. Ponga la freidora de aire a 400 grados y programe 12 minutos. Si las quiere muy crujientes, puede programar 18 minutos, pero pueden quemarse un poco.
Beneficios de una freidora de aire:
- Es una de las formas más fáciles de cocinar alimentos saludables. Si se utiliza 4 o 5 veces por semana, es una opción más saludable que freír con aceite en el horno convencional o utilizar alimentos enlatados.

- Las freidoras de aire son una forma fácil de servir comida sabrosa que no ocupa mucho espacio. Las freidoras de aire permiten cocinar el triple de comida que en el microondas.
- Las freidoras de aire ocupan poco espacio y se pueden guardar en un armario cuando no se utilizan.
-Son aparatos de cocina versátiles. Puedes utilizarlos para cocinar alimentos para el almuerzo, la cena y los aperitivos.
- Las freidoras de aire requieren poco o ningún esfuerzo en la cocina. Puedes usarlas con la tapa puesta, lo que significa que hay que lavar menos.

Pechugas de pato marinadas

Receta intermedia

Tiempo de preparación: 1 día

Tiempo de cocción: 20 minutos

Raciones: 2

Ingredientes:

1. pechugas de pato
2. 1 taza de vino blanco
3. ¼ de taza de salsa de soja
4. dientes de ajo picados
5. manantiales de estragón
6. Sal y pimienta negra al gusto

7 1 cucharada de mantequilla

8 ¼ de taza de vino de Jerez

Direcciones:

- En un bol, mezcle las pechugas de pato con el vino blanco, la salsa de soja, el ajo, el estragón, la sal y la pimienta, mezcle bien y guarde en la nevera durante 1 día. Transfiera las pechugas de pato a su freidora de aire precalentada a 350 grados F y cocine durante 10 minutos, volteando a mitad de camino.
- Mientras tanto, vierta la marinada en una sartén, caliéntela a fuego medio, añada la mantequilla y el jerez, remuévala, llévela a fuego lento, cocínela durante 5 minutos y retírela del fuego. Repartir las pechugas de pato en los platos, rociar con la salsa por todas partes y servir. Que aproveche!

La nutrición:

Calorías 475

Grasa 12

Carbohidratos 10

Proteína 48

Mezcla de pollo y rábano

Receta básica

Tiempo de preparación: 10 minutos

Tiempo de cocción: 30 minutos

Porciones: 4

Ingredientes:

1. cosas de pollo, con hueso
2. Sal y pimienta negra al gusto
3. 1 cucharada de aceite de oliva
4. 1 taza de caldo de pollo
5. rábanos, cortados por la mitad
6. 1 cucharadita de azúcar
7. zanahorias cortadas en bastones finos
8. cucharada de cebollino picado

Direcciones:

- Caliente una olla que se ajuste a su freidora de aire a fuego medio, añada el caldo, las zanahorias, el azúcar y los rábanos, revuelva suavemente, reduzca el fuego a medio, tape la olla parcialmente y cocine a fuego lento durante 20 minutos Frote el pollo con aceite de oliva, sazone con sal y pimienta, póngalo en su freidora de aire y cocínelo a 350 grados F durante 4 minutos.
- Añada el pollo a la mezcla de rábanos, mezcle, introduzca todo en su freidora de aire, cocine durante 4 minutos más, divida en los platos y sirva. Disfrute.

La nutrición:

Calorías 237

Grasa 10

Carbohidratos 19

Proteína 29

Pechugas de pollo y salsa de chile BBQ

Receta básica

Tiempo de preparación: 10 minutos

Tiempo de cocción: 20 minutos

Porciones: 6

Ingredientes:

1 tazas de salsa de chile

2 tazas de ketchup

3 1 taza de gelatina de pera

4 ¼ de taza de miel

5 ½ cucharadita de humo líquido

6 1 cucharadita de chile en polvo
7 1 cucharadita de mostaza en polvo
8 1 cucharadita de pimentón dulce
9 Sal y pimienta negra al gusto
10 1 cucharadita de ajo en polvo
11 pechugas de pollo, sin piel y sin hueso

Direcciones:

- Mientras tanto, caliente una sartén con la salsa de chile a fuego medio, añada el ketchup, la jalea de pera, la miel, el humo líquido, el chile en polvo, la mostaza en polvo, el pimentón dulce, la sal, la pimienta y el ajo en polvo, revuelva, deje hervir a fuego lento y cocine durante 10 minutos. Añada las pechugas de pollo fritas, mezcle bien, reparta en los platos y sirva. Que aproveche!

La nutrición:

Calorías 473

Grasa 13

Carbohidratos 39

Proteína 33

Pechugas de pato y mezcla de mangos

Receta intermedia

Tiempo de preparación: 1 hora

Tiempo de cocción: 20 minutos

Porciones: 4

Ingredientes:

1. pechugas de pato
2. 1 y ½ cucharadas de hierba limón picada
3. cucharadas de zumo de limón
4. cucharadas de aceite de oliva
5. Sal y pimienta negra al gusto
6. dientes de ajo picados
7. Para la mezcla de mangos:
8. 1 mango, pelado y picado

9 1 cucharada de cilantro picado
10 1 cebolla roja picada
11 1 cucharada de salsa de chile dulce
12 1 y ½ cucharada de zumo de limón
13 1 cucharadita de jengibre rallado
14 ¾ de cucharadita de azúcar

Direcciones:

- En un bol, mezcle las pechugas de pato con sal, pimienta, hierba limón, 3 cucharadas de zumo de limón, aceite de oliva y ajo, mézclelas bien, guárdelas en el frigorífico durante 1 hora, páselas a su freidora de aire y cocínelas a 360 grados F durante 10 minutos, dándoles la vuelta una vez.
- Mientras tanto, en un bol, mezcle el mango con el cilantro, la cebolla, la salsa de chile, el zumo de limón, el jengibre y el azúcar, y mezcle bien. Reparte el pato en los platos, añade la mezcla de mango a un lado y sirve. Que aproveche.

La nutrición:

Calorías 465

Grasa 11

Carbohidratos 29

Proteína 38

Cazuela rápida de pollo a la crema

Receta básica

Tiempo de preparación: 10 minutos

Tiempo de cocción: 15 minutos

Porciones: 4

Ingredientes:

1. onzas de espinacas picadas
2. cucharadas de mantequilla
3. cucharadas de harina
4. 1 y ½ tazas de leche
5. ½ taza de parmesano rallado
6. ½ taza de crema de leche
7. Sal y pimienta negra al gusto
8. taza de pechugas de pollo sin piel, deshuesadas y cortadas en cubos
9. 1 taza de pan rallado

Direcciones:

- Calentar una sartén con la mantequilla a fuego medio, añadir la harina y remover bien. Añade la leche, la nata líquida y el parmesano, remueve bien, cocina 1-2 minutos más y retira del fuego. En una sartén que se ajuste a su freidora de aire, extienda el pollo y las espinacas. Añade sal y pimienta y remueve. Agregue la mezcla de crema y extienda, espolvoree el pan rallado por encima, introduzca en su freidora de aire y cocine a 350 durante 12 minutos Divida el pollo y la mezcla de espinacas en los platos y sirva. Que lo disfrutes!

La nutrición:

Calorías 321

Grasa 9

Carbohidratos 22

Proteína 17

Pollo y melocotones

Receta básica

Tiempo de preparación: 10 minutos

Tiempo de cocción: 30 minutos

Porciones: 6

Ingredientes:

1. 1 pollo entero, cortado en trozos medianos
2. ¾ de taza de agua
3. 1/3 de taza de miel
4. Sal y pimienta negra al gusto
5. ¼ de taza de aceite de oliva

6 melocotones, cortados por la mitad

Direcciones:

- Ponga el agua en una olla, llévela a fuego medio, añada la miel, bátala muy bien y déjela aparte. Unte los trozos de pollo con el aceite, sazone con sal y pimienta, colóquelos en la cesta de su freidora de aire y cocínelos a 350 grados F durante 10 minutos Pinte el pollo con un poco de la mezcla de miel, cocínelo durante 6 minutos más, déle la vuelta de nuevo, pinte una vez más con la mezcla de miel y cocínelo durante 7 minutos más. Divida los trozos de pollo en los platos y manténgalos calientes. Unte los melocotones con lo que queda de la marinada de miel, colóquelos en su freidora de aire y cocínelos durante 3 minutos. Divida en los platos junto a los trozos de pollo y sirva. Que lo disfrutes!

La nutrición:

Calorías 430

Grasa 14

Carbohidratos 15

Proteína 20

Pollo glaseado al té

Receta básica

Tiempo de preparación: 10 minutos

Tiempo de cocción: 30 minutos

Porciones: 6

Ingredientes:

1. ½ taza de conservas de albaricoque
2. ½ taza de conservas de piña
3. patas de pollo
4. 1 taza de agua caliente
5. bolsas de té negro
6. 1 cucharada de salsa de soja
7. 1 cebolla picada
8. ¼ de cucharadita de copos de pimienta roja
9. 1 cucharada de aceite de oliva
10. Sal y pimienta negra al gusto
11. patas de pollo

Direcciones:

- Poner el agua caliente en un bol, añadir las bolsitas de té, dejarlas tapadas durante 10 minutos, desechar las bolsitas al final y pasar el té a otro bol. Añadir la salsa de soja, los copos de pimienta, las conservas de albaricoque y piña, batir muy bien y retirar del fuego.

- Sazone el pollo con sal y pimienta, úntelo con aceite, introdúzcalo en su freidora de aire y cocínelo a 350 grados F durante 5 minutos Esparza la cebolla en el fondo de una fuente de horno que se ajuste a su freidora de aire, añada los trozos de pollo, rocíe con el glaseado de té por encima, introdúzcalo en su freidora de aire y cocínelo a 320 grados F durante 25 minutos Divida todo en los platos y sírvalo. Que lo disfrutes!

La nutrición:

Calorías 298

Grasa 14

Carbohidratos 14

Proteína 30

Ratatouille

Receta básica

Tiempo de preparación: 10 minutos

Tiempo de cocción: 20 minutos

Porciones: 4

Ingredientes:

1. Tomates romanos, sin semillas y picados
2. dientes de ajo, cortados en rodajas
3. 1 berenjena pequeña, pelada y picada
4. 1 pimiento rojo picado
5. 1 pimiento amarillo picado
6. 1 cebolla pequeña picada
7. 1 cucharadita de condimento italiano
8. 1 cucharadita de aceite de oliva

Direcciones:

- En un cuenco metálico mediano, combine suavemente los tomates, el ajo, la berenjena, los pimientos rojos y amarillos, la cebolla, el condimento italiano y el aceite de oliva. Coloque el bol en la freidora de aire. Asar durante 12 a 16 minutos, removiendo una vez, hasta que las verduras estén tiernas. Servir calientes o frías.

La nutrición:

Calorías 69

Grasa 2g

Proteína 2g

Carbohidratos 11g

Rollos de huevo con verduras

Receta básica

Tiempo de preparación: 15 minutos

Tiempo de cocción: 10 minutos

Porciones: 4

Ingredientes:

1. ½ taza de calabaza amarilla picada
2. ⅓ taza de zanahoria rallada
3. ½ taza de pimiento rojo picado
4. cebolletas, partes blancas y verdes, picadas
5. 1 cucharadita de salsa de soja baja en sodio
6. envoltorios para rollitos de huevo (ver Consejo)
7. 1 cucharada de almidón de maíz
8. 1 huevo batido

Direcciones:

- En un bol mediano, mezcle la calabaza amarilla, la zanahoria, el pimiento rojo, las cebolletas y la salsa de soja.
- Coloque los envoltorios de los rollos de huevo en una superficie de trabajo. Cubra cada uno con unas 3 cucharadas de la mezcla de verduras.

- En un bol pequeño, mezclar bien la maicena y el huevo. Untar con un poco de la mezcla de huevo los bordes de cada envoltorio. Enrolle los envoltorios, doblando los lados para contener el relleno. Unte la mezcla de huevo en el exterior de cada rollo de huevo.
- Fríalo al aire libre de 7 a 10 minutos o hasta que esté dorado y crujiente y sírvalo inmediatamente.

La nutrición:

Calorías 130

Grasa 2g

Proteína 6g

Carbohidratos 23g

Sándwiches de queso a la parrilla y verduras

Receta básica

Tiempo de preparación: 15 minutos

Tiempo de cocción: 10 minutos

Porciones: 4

Ingredientes:

1. 1½ tazas de verduras mixtas picadas (col rizada, acelga, berza; ver Consejo)
2. dientes de ajo, cortados en rodajas finas
3. cucharaditas de aceite de oliva
4. rebanadas de queso suizo bajo en sodio y en grasa
5. rebanadas de pan integral bajo en sodio
6. Aceite de oliva en spray, para recubrir los sándwiches

Direcciones:

- En una sartén de 6 por 2 pulgadas, mezcle las verduras, el ajo y el aceite de oliva. Cocine en la freidora de aire durante 4 a 5 minutos, removiendo una vez, hasta que las verduras estén tiernas. Secar, si es necesario.
- Prepare 2 sándwiches, dividiendo la mitad de las verduras y 1 rebanada de queso suizo entre 2 rebanadas de pan. Rocía ligeramente el exterior de los sándwiches con aceite de oliva en spray.

- Ase los sándwiches en la freidora durante 6 a 8 minutos, dándoles la vuelta con unas pinzas a mitad de camino, hasta que el pan esté tostado y el queso se derrita.
- Cortar cada sándwich por la mitad para servir.

La nutrición:

Calorías 176

Grasa 6g

Proteína 10g

Carbohidratos 24g

Atún fundido con verduras

Receta básica

Tiempo de preparación: 15 minutos

Tiempo de cocción: 10 minutos

Porciones: 4

Ingredientes:

1. panecillos ingleses integrales bajos en sodio partidos
2. 1 lata (6 onzas) de atún ligero bajo en sodio en trozos, seco
3. 1 taza de zanahoria rallada
4. 1/3 taza de champiñones picados
5. cebolletas, partes blancas y verdes, en rodajas
6. 1/3 taza de yogur griego descremado
7. cucharadas de mostaza molida a la piedra baja en sodio

8 rebanadas de queso suizo bajo en sodio y en grasa, cortadas por la mitad

Direcciones:

- Coloque las mitades de los panecillos ingleses en la cesta de la freidora. Asar durante 3 o 4 minutos, o hasta que estén crujientes. Saque de la cesta y reserve.
- En un bol mediano, mezclar bien el atún, la zanahoria, los champiñones, las cebolletas, el yogur y la mostaza. Cubre cada mitad de las magdalenas con una cuarta parte de la mezcla de atún y media loncha de queso suizo.
- Asar en la freidora durante 4 a 7 minutos, o hasta que la mezcla de atún esté caliente y el queso se derrita y comience a dorarse. Servir inmediatamente.

La nutrición:

Calorías 191

Grasa 4g

Proteína 23g

Carbohidratos 16g

California Melts

Receta básica

Tiempo de preparación: 10 minutos

Tiempo de cocción: 5 minutos

Porciones: 4

Ingredientes:

1. panecillos ingleses integrales bajos en sodio partidos
2. cucharadas de yogur griego descremado
3. hojas frescas de espinacas baby
4. 1 tomate maduro, cortado en 4 rodajas
5. ½ aguacate maduro, pelado, deshuesado y cortado a lo largo (ver Consejo)
6. hojas de albahaca fresca
7. cucharadas de queso feta desmenuzado sin grasa y bajo en sodio, divididas

Direcciones:

- Ponga las mitades de los panecillos ingleses en la freidora de aire. Tostar durante 2 minutos, o hasta que estén ligeramente dorados. Transfiera a una superficie de trabajo.
- Untar cada mitad de muffin con 1½ cucharaditas de yogur.

- Cubra cada mitad de panecillo con 2 hojas de espinacas, 1 rodaja de tomate, una cuarta parte del aguacate y 2 hojas de albahaca. Espolvorear cada uno con 1 cucharada de queso feta. Tostar los sándwiches en la freidora de aire durante 3 o 4 minutos, o hasta que el queso se ablande y el sándwich esté caliente. Servir inmediatamente.

La nutrición:

Calorías 110

Grasa 3g

Proteína 8g

Carbohidratos 13g

Sándwiches de pita con verduras

Receta básica

Tiempo de preparación: 10 minutos

Tiempo de cocción: 20 minutos

Porciones: 4

Ingredientes:

1 1 berenjena baby pelada y picada (ver Consejo)

2 1 pimiento rojo en rodajas

3 ½ taza de cebolla roja picada

4 ½ taza de zanahoria rallada

5 1 cucharadita de aceite de oliva

6 ⅓ taza de yogur griego bajo en grasa

7 ½ cucharadita de estragón seco

8 panes de pita integrales bajos en sodio, cortados por la mitad en sentido transversal

Direcciones:

- En una sartén de 6 por 2 pulgadas, mezcle la berenjena, el pimiento rojo, la cebolla roja, la zanahoria y el aceite de oliva. Ponga la mezcla de verduras en la cesta de la freidora de aire y ase de 7 a 9 minutos, removiendo una vez, hasta que las verduras estén tiernas. Secar si es necesario.
- En un tazón pequeño, mezcle bien el yogur y el estragón hasta que estén bien combinados.
- Incorporar la mezcla de yogur a las verduras. Rellene una cuarta parte de esta mezcla en cada bolsillo de pita.
- Coloque los sándwiches en la freidora de aire y cocínelos durante 2 o 3 minutos, o hasta que el pan esté tostado. Servir inmediatamente.

La nutrición:

Calorías 176

Grasa 4g

Proteína 7g

Carbohidratos 27g

Falafel

Receta básica

Tiempo de preparación: 10 minutos

Tiempo de cocción: 20 minutos

Porciones: 4

Ingredientes:

1. 1 lata (16 onzas) de garbanzos sin sal enjuagados y secados
2. ⅓ taza de harina de repostería integral
3. ⅓ taza de cebolla roja picada
4. dientes de ajo picados
5. cucharadas de cilantro fresco picado
6. 1 cucharada de aceite de oliva
7. ½ cucharadita de comino molido
8. ¼ de cucharadita de pimienta de cayena

Direcciones:

- En un tazón mediano, aplastar los garbanzos con un machacador de papas hasta que queden casi lisos.
- Incorporar la harina de repostería, la cebolla roja, el ajo, el cilantro, el aceite de oliva, el comino y la cayena hasta que estén bien mezclados. Forme 12 bolas con la mezcla de garbanzos. Fría las bolas de falafel, en tandas, durante 11 a 13 minutos, o hasta que los falafel estén firmes y ligeramente dorados. Servir.

La nutrición:

Calorías 172

Grasa 5g

Proteína 7g

Carbohidratos 25g

Tomates rellenos

Receta básica

Tiempo de preparación: 5 minutos

Tiempo de cocción: 20 minutos

Porciones: 4

Ingredientes:

1. tomates medianos tipo beefsteak, enjuagados y secados con palmaditas
2. 1 cebolla mediana picada
3. ½ taza de zanahoria rallada
4. 1 diente de ajo picado
5. cucharaditas de aceite de oliva
6. tazas de espinacas frescas
7. ¼ de taza de queso feta bajo en sodio desmenuzado
8. ½ cucharadita de albahaca seca

Direcciones:

- Cortar aproximadamente ½ pulgada de la parte superior de cada tomate. Ahuecarlos suavemente (ver Consejo), dejando una pared de aproximadamente ½ pulgada de espesor. Seca los tomates, boca abajo, sobre papel de cocina mientras preparas el relleno.
- En una sartén de 6 por 2 pulgadas, mezcle la cebolla, la zanahoria, el ajo y el aceite de oliva. Hornéalo de 4 a 6 minutos, o hasta que las verduras estén crujientes y tiernas.

- Incorpore las espinacas, el queso feta y la albahaca.
- Rellene cada tomate con una cuarta parte de la mezcla de verduras. Hornee los tomates en la cesta de la freidora de aire durante 12 a 14 minutos, o hasta que estén calientes y tiernos.
- Servir inmediatamente.

La nutrición:

Calorías 79

Grasa 3g

Proteína 3g

Carbohidratos 9g

Mini patatas cargadas

Receta básica

Tiempo de preparación: 5 minutos

Tiempo de cocción: 25 minutos

Raciones: 2

Ingredientes:

1. 24 patatas nuevas pequeñas, o patatas para crema, enjuagadas, lavadas y secadas con palmaditas
2. 1 cucharadita de aceite de oliva
3. ½ taza de yogur griego bajo en grasa
4. 1 cucharada de mostaza molida a la piedra baja en sodio (ver Consejo)
5. ½ cucharadita de albahaca seca
6. Tomates romanos, sin semillas y picados

7 cebolletas, partes blancas y verdes, picadas

8 cucharadas de cebollino fresco picado

Direcciones:

- En un recipiente grande, mezcle las patatas con el aceite de oliva. Pasarlas a la cesta de la freidora de aire. Asar durante 20 a 25 minutos, agitando la cesta una vez, hasta que las patatas estén crujientes por fuera y tiernas por dentro. Mientras tanto, en un bol pequeño, mezcle el yogur, la mostaza y la albahaca.
- Colocar las patatas en una fuente y aplastarlas ligeramente con el fondo de un vaso. Cubra las patatas con la mezcla de yogur. Espolvorear con los tomates, las cebolletas y el cebollino. Servir inmediatamente.

La nutrición:

Calorías 100

Grasa 2g

Proteína 5g

Carbohidratos 19g

Quiche de verduras sin corteza

Receta básica

Tiempo de preparación: 5 minutos

Tiempo de cocción: 20 minutos

Porciones: 3

Ingredientes:

1. claras de huevo
2. 1 huevo
3. 1 taza de espinacas picadas congeladas, descongeladas y secas
4. 1 pimiento rojo picado
5. ½ taza de champiñones picados
6. ⅓ taza de cebolla roja picada
7. 1 cucharada de mostaza baja en sodio
8. 1 rebanada de queso suizo bajo en sodio y en grasas, cortada en trozos pequeños
9. Spray antiadherente con harina, para engrasar la sartén

Direcciones:

- En un bol mediano, batir las claras de huevo y el huevo hasta que se mezclen.
- Incorpore las espinacas, el pimiento rojo, los champiñones, la cebolla y la mostaza.
- Mezclar con el queso suizo.
- Rocíe un molde de 6 por 2 pulgadas con spray antiadherente para cocinar.

- Vierta la mezcla de huevos en el molde preparado.
- Hornéelo de 18 a 22 minutos, o hasta que la mezcla de huevo esté hinchada, ligeramente dorada y cuajada. Enfríe durante 5 minutos antes de servir.

La nutrición:

Calorías 76

Grasa 3g

Proteína 8g

Carbohidratos 4g

Huevos revueltos con brócoli y espinacas

Receta básica

Tiempo de preparación: 15 minutos

Tiempo de cocción: 20 minutos

Porciones: 4

Ingredientes:

1. cucharaditas de mantequilla sin sal
2. 1 cebolla mediana picada
3. 1 pimiento rojo picado
4. 1 taza de ramilletes de brócoli pequeños
5. ½ cucharadita de mejorana seca
6. claras de huevo
7. huevos
8. 1 taza de espinacas frescas

Direcciones:

- En una sartén de 6 por 2 pulgadas en la freidora de aire, calentar la mantequilla durante 1 minuto, o hasta que se derrita.
- Añadir la cebolla, el pimiento rojo, el brócoli, la mejorana y 1 cucharada de agua. Fría al aire libre de 3 a 5 minutos, o hasta que las verduras estén crujientes y tiernas. Secar, si es necesario.
- Mientras tanto, en un bol mediano, batir las claras de huevo y los huevos hasta que estén espumosos.

- Añadir las espinacas y los huevos a las verduras en la sartén. Fría al aire libre de 8 a 12 minutos, removiendo tres veces durante la cocción, hasta que los huevos estén cuajados y esponjosos y alcancen los 160°F en un termómetro de carne. Servir inmediatamente.

La nutrición:

Calorías 86

Grasa 3g

Proteína 8g

Carbohidratos 5g

Pizza de judías y verduras

Receta básica

Tiempo de preparación: 10 minutos

Tiempo de cocción: 20 minutos

Porciones: 4

Ingredientes:

1 ¾ de taza de harina integral de repostería
2 ½ cucharadita de polvo de hornear bajo en sodio
3 1 cucharada de aceite de oliva, dividida
4 1 taza de col rizada picada
5 tazas de espinacas frescas picadas
6 1 taza de judías cannellini enlatadas sin sal, enjuagadas y secadas (ver Consejo)

7 ½ cucharadita de tomillo seco

8 1 trozo de queso en rama bajo en sodio, cortado en trozos

Direcciones:

- En un bol pequeño, mezclar la harina de repostería y la levadura en polvo hasta que estén bien combinadas.
- Añadir ¼ de taza de agua y 2 cucharaditas de aceite de oliva. Mezclar hasta que se forme una masa.
- En una superficie enharinada, presione o extienda la masa hasta obtener una forma redonda de 7 pulgadas. En una sartén de 6 por 2 pulgadas, mezcle la col rizada, las espinacas y la cucharadita restante de aceite de oliva. Fríalo al aire libre de 3 a 5 minutos hasta que las verduras se marchiten. Sécalos bien.
- Poner la masa de pizza en la cesta de la freidora. Cubra con las verduras, las judías cannellini, el tomillo y el queso en tiras. Fría al aire libre de 11 a 14 minutos o hasta que la corteza esté dorada y el queso esté derretido. Cortar en cuartos para servir.

La nutrición:

Calorías 175

Grasa 5g

Proteína 9g

Carbohidratos 24g

Mini pizzas de pollo a la parrilla

Receta básica

Tiempo de preparación: 15 minutos

Tiempo de cocción: 10 minutos

Porciones: 4

Ingredientes:

1. panes de pita integrales bajos en sodio, partidos (ver Consejo)
2. ½ taza de salsa de tomate sin sal añadida
3. 1 diente de ajo picado
4. ½ cucharadita de orégano seco
5. 1 pechuga de pollo cocida y desmenuzada
6. 1 taza de champiñones picados
7. ½ taza de pimiento rojo picado
8. ½ taza de queso mozzarella rallado parcialmente descremado y bajo en sodio

Direcciones:

- Colocar los panes de pita, con el interior hacia arriba, en una superficie de trabajo.
- En un bol pequeño, mezcle la salsa de tomate, el ajo y el orégano. Extiende unas 2 cucharadas de la salsa sobre cada mitad de pita.
- Cubra cada uno con ¼ de taza de pollo desmenuzado, ¼ de taza de champiñones y 2 cucharadas de pimiento rojo. Espolvorear con el queso mozzarella.

- Hornea las pizzas de 3 a 6 minutos, o hasta que el queso se derrita y empiece a dorarse y el pan de pita esté crujiente. Servir inmediatamente.

La nutrición:

Calorías 249

Grasa 7g

Proteína 23g

Carbohidratos 25g

Croquetas de pollo

Receta básica

Tiempo de preparación: 15 minutos

Tiempo de cocción: 10 minutos

Porciones: 4

Ingredientes:

1. (5 onzas) de pechugas de pollo cocidas, finamente picadas (ver Consejo)
2. ⅓ taza de yogur griego bajo en grasa
3. cucharadas de cebolla roja picada
4. tallos de apio, picados
5. 1 diente de ajo picado
6. ½ cucharadita de albahaca seca
7. claras de huevo, divididas
8. rebanadas de pan integral bajo en sodio, desmenuzadas

Direcciones:

- En un bol mediano, mezclar bien el pollo, el yogur, la cebolla roja, el apio, el ajo, la albahaca y 1 clara de huevo. Forme la mezcla en 8 óvalos y presione suavemente para darle forma.
- En un recipiente poco profundo, batir la clara de huevo restante hasta que esté espumosa.
- Poner el pan rallado en un plato.
- Pasar las croquetas de pollo por la clara de huevo y luego por el pan rallado para cubrirlas.

- Fría las croquetas, en tandas, de 7 a 10 minutos, o hasta que las croquetas alcancen una temperatura interna de 160°F en un termómetro de carne y su color sea dorado. Sirva inmediatamente.

La nutrición:

Calorías 207

Grasa 4g

Proteína 32g

Carbohidratos 8g,

Chuletas de cerdo con salsa de yogur

Receta básica

Tiempo de preparación: 10 minutos

Tiempo de cocción: 30 minutos

Porciones: 4

Ingredientes:

1. cucharadas de aceite de aguacate
2. libras de chuletas de cerdo
3. 1 taza de yogur
4. dientes de ajo picados
5. 1 cucharadita de cúrcuma en polvo
6. Sal y pimienta negra al gusto

7 cucharada de orégano picado

Direcciones:

- En la sartén de la freidora de aire, mezcle las chuletas de cerdo con el yogur y los demás ingredientes, mezcle y cocine a 400 grados F durante 30 minutos
- Repartir la mezcla en los platos y servir.

La nutrición:

Calorías 301

Grasa 7

Carbohidratos 19

Proteína 22

Mezcla de cordero y nueces de macadamia

Receta básica

Tiempo de preparación: 10 minutos

Tiempo de cocción: 20 minutos

Porciones: 4

Ingredientes:

1. libras de carne de guisado de cordero, cortada en cubos
2. cucharadas de nueces de macadamia peladas
3. 1 taza de espinacas tiernas
4. ½ taza de caldo de carne
5. dientes de ajo picados
6. Sal y pimienta negra al gusto

7 1 cucharada de orégano picado

Direcciones:

- En la sartén de la freidora de aire, mezcle el cordero con las nueces y los demás ingredientes,
- Cocine a 380 grados F durante 20 minutos,
- Repartir en los platos y servir.

La nutrición:

Calorías 280

Grasa 12

Carbohidratos 20

Proteína 19

Ternera, pepino y berenjenas

Receta básica

Tiempo de preparación: 10 minutos

Tiempo de cocción: 20 minutos

Porciones: 4

Ingredientes:

1. 1 libra de carne para guisar, cortada en tiras
2. 2 plantas de huevo, cortadas en cubos
3. 2 pepinos, cortados en rodajas
4. 2 dientes de ajo picados
5. 1 taza de crema de leche
6. 2 cucharadas de aceite de oliva
7. Sal y pimienta negra al gusto

Direcciones:

- En una fuente de horno que se ajuste a su freidora de aire, mezcle la carne con las berenjenas y los demás ingredientes, revuelva, introduzca la fuente en la freidora y cocine a 400 grados F durante 20 minutos
- Dividir todo en cuencos y servir.

La nutrición:

Calorías 283

Grasa 11

Carbohidratos 22

Proteína 14

Cerdo y alcachofas al romero

Receta básica

Tiempo de preparación: 10 minutos

Tiempo de cocción: 25 minutos

Porciones: 4

Ingredientes:

1. 1 libra de carne de cerdo para guisar, cortada en cubos
2. 1 taza de corazones de alcachofa en lata, secados y cortados por la mitad

3 2 cucharadas de aceite de oliva
4 2 cucharadas de romero picado
5 ½ cucharadita de comino molido
6 ½ cucharadita de nuez moscada molida
7 ½ taza de crema agria
8 Sal y pimienta negra al gusto

Direcciones:

- En una sartén que se ajuste a su freidora de aire, mezcle la carne de cerdo con las alcachofas y los demás ingredientes, introduzca en la freidora y cocine a 400 grados F durante 25 minutos
- Dividir todo en cuencos y servir.

La nutrición:

Calorías 280

Grasa 13

Carbohidratos 22

Proteína 18

Chuletas de cordero a la mostaza

Receta básica

Tiempo de preparación: 15 minutos

Tiempo de cocción: 30 minutos

Porciones: 4

Ingredientes:

1. 4 onzas de chuletas de lomo de cordero
2. cucharadas de mostaza de Dijon
3. 1 cucharada de zumo de limón fresco
4. ½ cucharadita de aceite de oliva
5. 1 cucharadita de estragón seco
6. Sal y pimienta negra, al gusto

Direcciones:

- Precaliente la freidora a 390 grados F y engrase la cesta de la freidora.
- Mezclar la mostaza, el zumo de limón, el aceite, el estragón, la sal y la pimienta negra en un bol grande.
- Cubra las chuletas generosamente con la mezcla de mostaza y colóquelas en la cesta de la freidora.
- Cocinar durante unos 15 minutos, dándole la vuelta una vez entre medias y sacar para servir caliente.

La nutrición:

Calorías 433,

Grasa 17,6g,

Carbohidratos 0,6g,

Proteína 64,1g,

Chuletas de cordero a las hierbas

Receta básica

Tiempo de preparación: 10 minutos

Tiempo de cocción: 10 minutos

Raciones: 2

Ingredientes:

1. 4: 4 onzas de chuletas de cordero
2. 1 cucharada de zumo de limón fresco
3. 1 cucharada de aceite de oliva
4. 1 cucharadita de romero seco
5. 1 cucharadita de tomillo seco
6. 1 cucharadita de orégano seco
7. ½ cucharadita de comino molido
8. ½ cucharadita de cilantro molido
9. Sal y pimienta negra, al gusto

Direcciones:

- Precaliente la freidora a 390 grados F y engrase la cesta de la freidora.
- Mezcle el zumo de limón, el aceite, las hierbas y las especias en un bol grande.
- Cubra las chuletas generosamente con la mezcla de hierbas y refrigere para que se marinen durante aproximadamente 1 hora.

- Coloque las chuletas en la cesta de la freidora y cocínelas durante unos 7 minutos, dándoles la vuelta una vez entre medias.
- Repartir las chuletas de cordero en una fuente y servirlas calientes.

La nutrición:

Calorías 491

Grasa 24g

Carbohidratos 1,6g

Proteína 64g

Chuletas de lomo de cordero al za'atar

Receta básica

Tiempo de preparación: 10 minutos

Tiempo de cocción: 30 minutos

Porciones: 4

Ingredientes:

1. 8: Chuletas de lomo de cordero de 3½ onzas, recortadas
2. dientes de ajo machacados
3. 1 cucharada de zumo de limón fresco
4. 1 cucharadita de aceite de oliva
5. 1 cucharada de Za'ataro

6 Sal y pimienta negra, al gusto

Direcciones:

- Precaliente la freidora a 400 grados F y engrase la cesta de la freidora.
- Mezcla el ajo, el zumo de limón, el aceite, el Za'atar, la sal y la pimienta negra en un bol grande
- Cubra las chuletas generosamente con la mezcla de hierbas y colóquelas en la cesta de la freidora.
- Cocine durante unos 15 minutos, dándole la vuelta dos veces entre medias y sirva las chuletas de cordero calientes.

La nutrición:

Calorías 433

Grasa 17,6g

Carbohidratos 0,6g

Proteínas 64,1g

Costillar de cordero al pesto

Receta básica

Tiempo de preparación: 15 minutos

Tiempo de cocción: 15 minutos

Porciones: 4

Ingredientes:

1. ½ manojo de menta fresca
2. 1: 1½ libras de cordero
3. 1 diente de ajo
4. ¼ de taza de aceite de oliva virgen extra
5. ½ cucharada de miel
6. Sal y pimienta negra, al gusto

Direcciones:

- Precaliente la freidora a 200 grados F y engrase la cesta de la freidora.
- Ponga la menta, el ajo, el aceite, la miel, la sal y la pimienta negra en una batidora y pulse hasta que quede suave para hacer el pesto.
- Cubra el costillar de cordero con este pesto por ambos lados y colóquelo en la cesta de la freidora.
- Cocinar durante unos 15 minutos y cortar la rejilla en chuletas individuales para servir.

La nutrición:

Calorías 406

Grasa 27,7g

Carbohidratos 2,9g

Proteínas 34,9g

Filetes de cordero con especias

Receta básica

Tiempo de preparación: 15 minutos

Tiempo de cocción: 14 minutos

Porciones: 3

Ingredientes:

1. ½ cebolla, cortada en trozos grandes
2. 1½ libras de filetes de solomillo de cordero deshuesados
3. dientes de ajo pelados
4. 1 cucharada de jengibre fresco, pelado
5. 1 cucharadita de garam masala
6. 1 cucharadita de hinojo molido
7. ½ cucharadita de comino molido
8. ½ cucharadita de canela molida
9. ½ cucharadita de pimienta de cayena
10. Sal y pimienta negra, al gusto

Direcciones:

- Precaliente la freidora a 330 grados F y engrase la cesta de la freidora.
- Ponga la cebolla, el ajo, el jengibre y las especias en una batidora y púlsela hasta que quede suave.
- Cubra los filetes de cordero con esta mezcla por ambos lados y refrigere para que se marinen durante unas 24 horas.

- Coloque los filetes de cordero en la cesta de la freidora y cocínelos durante unos 15 minutos, dándoles la vuelta una vez entre medias.
- Sirva los filetes en una bandeja y sírvalos calientes.

La nutrición:

Calorías 252

Grasa 16,7g

Carbohidratos 4,2g

Proteínas 21,7g

Pierna de cordero con coles de Bruselas

Receta intermedia

Tiempo de preparación: 20 minutos

Tiempo de cocción: 1 hora y 30 minutos

Porciones: 4

Ingredientes:

- 2¼ libras de pierna de cordero
- 1 cucharada de romero fresco picado
- 1 cucharada de tomillo fresco de limón
- 1½ libras de coles de Bruselas, recortadas
- cucharadas de aceite de oliva, divididas
- 1 diente de ajo picado
- Sal y pimienta negra molida, según sea necesario
- cucharadas de miel

Direcciones:

Precaliente la freidora a 300 grados F y engrase la cesta de la freidora.

1. Hacer cortes en la pierna de cordero con un cuchillo afilado.
2. Mezcle 2 cucharadas de aceite, hierbas, ajo, sal y pimienta negra en un bol.
3. Cubra la pierna de cordero con la mezcla de aceite generosamente y colóquela en la cesta de la freidora.
4. Cocine durante unos 75 minutos y programe la freidora a 390 grados F.

5. Cubra las coles de Bruselas de manera uniforme con el aceite y la miel restantes y colóquelas en la cesta de la freidora con la pierna de cordero.
6. Cocer durante unos 15 minutos y emplatar para servir caliente.

La nutrición:

Calorías 449

Grasas 19,9g

Carbohidratos 16,6g

Proteínas 51,7g

Albóndigas con queso y mostaza y miel

Receta básica

Tiempo de preparación: 15 minutos

Tiempo de cocción: 15 minutos

Porciones: 8

Ingredientes:

- cebollas picadas
- 1 libra de carne molida

- cucharadas de albahaca fresca picada
- cucharadas de queso cheddar rallado
- cucharaditas de pasta de ajo
- cucharaditas de miel
- Sal y pimienta negra, al gusto
- cucharaditas de mostaza

Direcciones:

- Precaliente la freidora a 385oF y engrase la cesta de la freidora.
- Mezclar todos los ingredientes en un bol hasta que estén bien combinados.
- Forme la mezcla en bolas de igual tamaño con cuidado y coloque las albóndigas en la cesta de la freidora.
- Cocer durante unos 15 minutos y emplatar para servir caliente.

La nutrición:

Calorías 134

Grasa 4,4g

Carbohidratos 4,6g

Proteínas 18,2g

Brochetas de cordero picantes

Receta básica

Tiempo de preparación: 20 minutos

Tiempo de cocción: 10 minutos

Porciones: 6

Ingredientes:

1. huevos, batidos
2. 1 taza de pistachos picados
3. 1 libra de cordero molido
4. cucharadas de harina común
5. cucharadas de perejil de hoja plana picado
6. cucharaditas de copos de chile
7. dientes de ajo picados
8. cucharadas de zumo de limón fresco
9. cucharaditas de semillas de comino
10. 1 cucharadita de semillas de hinojo
11. cucharaditas de menta seca
12. cucharaditas de sal
13. Aceite de oliva
14. 1 cucharadita de semillas de cilantro
15. 1 cucharadita de pimienta negra recién molida

Direcciones:

- Precaliente la freidora a 355 grados F y engrase la cesta de la freidora.

- Mezclar el cordero, los pistachos, los huevos, el zumo de limón, los copos de chile, la harina, las semillas de comino, las semillas de hinojo, las semillas de cilantro, la menta, el perejil, la sal y la pimienta negra en un bol grande.
- Ensartar la mezcla de cordero en brochetas de metal para formar las salchichas y cubrirlas con aceite de oliva.
- Coloque las brochetas en la cesta de la freidora y cocínelas durante unos 8 minutos
- Colóquelo en una bandeja y sírvalo caliente.

La nutrición:

Calorías 284

Grasa 15,8g

Carbohidratos 8,4g

Proteínas 27,9g

Hamburguesas de carne sencillas

Receta básica

Tiempo de preparación: 20 minutos

Tiempo de cocción: 10 minutos

Porciones: 6

Ingredientes:

1. libras de carne molida
2. rodajas de queso cheddar
3. rollos de cena
4. cucharadas de ketchup de tomate
5. Sal y pimienta negra, al gusto

Direcciones:

- Precaliente la freidora a 390 grados F y engrase la cesta de la freidora.
- Mezclar la carne, la sal y la pimienta negra en un bol.
- Haga pequeñas hamburguesas del mismo tamaño con la mezcla de carne y coloque la mitad de las hamburguesas en la cesta de la freidora.
- Cocine durante unos 12 minutos y cubra cada hamburguesa con 1 rebanada de queso.
- Disponer las hamburguesas entre los panecillos y rociarlas con ketchup.
- Repetir con el resto de la tanda y emplatar para servir caliente.

La nutrición:

Calorías 537

Grasa 28,3g

Carbohidratos 7,6g

Proteínas 60,6g

Cordero con patatas

Receta básica

Tiempo de preparación: 20 minutos

Tiempo de cocción: 20 minutos

Raciones: 2

Ingredientes:

1. ½ libra de carne de cordero
2. patatas pequeñas, peladas y cortadas por la mitad
3. ½ cebolla pequeña, pelada y cortada por la mitad
4. ¼ de taza de batatas fritas congeladas
5. 1 diente de ajo machacado
6. ½ cucharada de romero seco, machacado
7. 1 cucharadita de aceite de oliva

Direcciones:

- Precaliente la freidora de aire a 355 grados F y coloque un divisor en la freidora de aire. Frote el cordero de manera uniforme con ajo y romero y colóquelo en un lado del separador de la freidora.
- Cocer durante unos 20 minutos y, mientras tanto, calentar las patatas en el microondas durante unos 4 minutos. Reparte las patatas en un bol grande y añade el aceite de oliva y la cebolla.
- Pasar a la freidora de aire y cambiar el lado de la rampa de cordero.

- Cocer durante unos 15 minutos, dándole la vuelta una vez entre medias, y disponerlo en una fuente.

La nutrición:

Calorías 399

Grasa 18,5g

Carbohidratos 32,3g

Proteínas 24,5g

Mezcla de carne de vaca con nuez moscada

Receta básica

Tiempo de preparación: 10 minutos

Tiempo de cocción: 30 minutos

Porciones: 4

Ingredientes:

1 libras de carne para guisar, cortada en cubos
2 1 cucharadita de nuez moscada molida
3 cucharadas de aceite de aguacate
4 ½ cucharadita de chile en polvo
5 ¼ de taza de caldo de carne
6 2 cucharadas de cebollino picado
7 Sal y pimienta negra al gusto

Direcciones:

- En una sartén que se ajuste a su freidora de aire, mezcle la carne con la nuez moscada y los demás ingredientes, revuelva, introduzca la sartén en la freidora y cocine a 400 grados F durante 30 minutos
- Dividir la mezcla en cuencos y servir.

La nutrición:

Calorías 280

Grasa 12

Carbohidratos 17

Proteína 14

Orégano Daikon

Receta básica

Tiempo de preparación: 10 minutos

Tiempo de cocción: 10 minutos

Porciones: 5

Ingredientes:

1. 1 libra de daikon
2. ½ cucharadita de salvia
3. 1 cucharadita de sal
4. 1 cucharada de aceite de oliva
5. 1 cucharadita de orégano seco

Direcciones:

- Pelar el daikon y cortarlo en cubos.
- Espolvorear los cubos de daikon con salvia, sal y orégano seco.
- Mezclar bien
- Precaliente la freidora de aire a 360 F.
- Coloque los cubos de daikon en la rejilla de la freidora de aire y rocíe con aceite de oliva.
- Cocinar el daikon durante 6 minutos
- Dar la vuelta al daikon y cocinar durante 4 minutos más o hasta que esté blando y dorado.

La nutrición:

Calorías 43

Grasa 2,8

Carbohidratos 3,9

Proteína 1,9

Espinacas cremosas

Receta básica

Tiempo de preparación: 10 minutos

Tiempo de cocción: 12 minutos

Porciones: 4

Ingredientes:

1. oz de tallos de cebollino
2. taza de espinacas
3. 1 taza de caldo de pollo
4. 1 taza de crema de leche
5. 1 cucharadita de sal
6. 1 cucharadita de pimentón
7. ½ cucharadita de copos de chile
8. 1 cucharadita de pimienta negra molida
9. ½ cucharadita de ajo picado
10. oz. Parmesano rallado

Direcciones:

- Precaliente la freidora de aire a 390 F.
- Picar las espinacas en trozos grandes.
- Coloque las espinacas en el bol de la cesta de la freidora.
- Añadir el caldo de pollo y la nata líquida.
- Añadir sal, pimentón, escamas de chile y pimienta negra molida.
- Añadir el cebollino y el ajo picado.
- Mezclar suavemente y cocinar durante 10 minutos

- Triturar con una batidora de mano. Debe obtener la textura cremosa de una sopa.
- Espolvorear con el queso rallado y cocinar durante 2 minutos a 400 F.
- Servir caliente.

La nutrición:

Calorías 187

Grasa 16

Carbohidratos 4,4

Proteína 8,4

Berenjena con Cheddar rallado

Receta básica

Tiempo de preparación: 15 minutos

Tiempo de cocción: 10 minutos

Porciones: 10

Ingredientes:

- berenjenas
- 1 cucharadita de ajo picado
- 1 cucharadita de aceite de oliva
- oz. de queso Cheddar rallado
- ½ cucharadita de pimienta negra molida

Direcciones:

1 Lavar las berenjenas con cuidado y cortarlas en rodajas.

2. Frote las rodajas con ajo picado, sal y pimienta negra molida.
3. Dejar las rodajas durante 5 minutos para que se marinen.
4. Precaliente la freidora de aire a 400 F.
5. Coloque los círculos de berenjena en la rejilla de la freidora de aire y cocínelos durante 6 minutos
6. A continuación, déles la vuelta y cocine durante 5 minutos más.
7. Espolvorear las berenjenas con el queso rallado y cocinar durante 30 segundos.
8. Servir caliente.

La nutrición:

Calorías 97

Grasa 6.2

Carbohidratos 7,7

Proteína 5.2

Bulbos de ajo de cilantro

Receta básica

Tiempo de preparación: 10 minutos

Tiempo de cocción: 10 minutos

Porciones: 18

Ingredientes:

1. Cabezas de ajo de 1 libra
2. cucharadas de aceite de oliva
3. 1 cucharadita de orégano seco
4. 1 cucharadita de albahaca seca
5. 1 cucharadita de cilantro molido
6. ¼ de cucharadita de jengibre molido

Direcciones:

- Cortar los extremos de los bulbos de ajo.
- Coloque cada bombilla en papel de aluminio.
- Rebozarlas con aceite de oliva, orégano seco, albahaca seca, cilantro molido y jengibre molido.
- Precaliente la freidora de aire a 400 F.
- Envuelva el ajo en papel de aluminio y colóquelo en la freidora.
- Cocer durante 10 minutos hasta que se ablande.
- Deje que se enfríen durante al menos 10 minutos antes de servirlos.

La nutrición:

Calorías 57

Grasa 1.4

Carbohidratos 8,2

Proteína 1.3

Palitos de parmesano

Receta básica

Tiempo de preparación: 10 minutos

Tiempo de cocción: 10 minutos

Porciones: 3

Ingredientes:

1. oz. Parmesano
2. 1 huevo
3. ½ taza de crema de leche
4. cucharadas de harina de almendra
5. ¼ de cucharadita de pimienta negra molida

Direcciones:

- Romper el huevo en un bol y batirlo.
- Añadir la nata líquida y la harina de almendras.
- Espolvorear la mezcla con pimienta negra molida.
- Batir con cuidado o utilizar una batidora de mano.
- Cortar el queso en bastones cortos y gruesos
- Sumergir los palitos en la mezcla de crema espesa.
- Coloca los palitos de queso en bolsas de congelación y congélalos.
- Precaliente la freidora de aire a 400 F.
- Coloque los palitos de queso en la rejilla de la freidora.
- Cocer durante 8 minutos

La nutrición:

Calorías 389

Grasa 29,5

Carbohidratos 5,5

Proteínas 28,6

Guisantes de nieve cremosos

Receta básica

Tiempo de preparación: 10 minutos

Tiempo de cocción: 5 minutos

Porciones: 5

Ingredientes:

1. ½ taza de crema de leche
2. 1 cucharadita de mantequilla
3. 1 cucharadita de sal
4. 1 cucharadita de pimentón
5. 1 libra de guisantes de nieve
6. ¼ de cucharadita de nuez moscada

Direcciones:

- Precaliente la freidora de aire a 400 F.
- Lavar cuidadosamente los tirabeques y colocarlos en la bandeja de la freidora.
- A continuación, rocíe los tirabeques con la mantequilla, la sal, el pimentón, la nuez moscada y la nata espesa.
- Cocer los tirabeques durante 5 minutos
- Cuando termine el tiempo: sacudir suavemente los tirabeques y pasarlos a los platos de servir.
- Que lo disfrutes.

La nutrición:

Calorías 98

Grasa 5,9

Carbohidratos 6,9

Proteína 3,5

Okra con sésamo

Receta básica

Tiempo de preparación: 10 minutos

Tiempo de cocción: 4 minutos

Porciones: 4

Ingredientes:

1. 1 cucharada de aceite de sésamo
2. 1 cucharadita de semillas de sésamo
3. oz. de okra
4. ½ cucharadita de sal
5. 1 huevo

Direcciones:

- Lavar el quimbombó y cortarlo en trozos grandes.
- Romper el huevo en un bol y batirlo.
- Añadir la okra picada al huevo batido.
- Espolvorear con las semillas de sésamo y la sal.
- Precaliente la freidora de aire a 400 F.
- Mezclar la mezcla de okra con cuidado.
- Coloque la mezcla en la cesta de la freidora.
- Rociar con aceite de oliva.
- Cocer el quimbombó durante 4 minutos
- Remover y servir.

La nutrición:

Calorías 81

Grasa 5

Carbohidratos 6,1

Proteína 3

Cuñas de hinojo y orégano

Receta básica

Tiempo de preparación: 15 minutos

Tiempo de cocción: 6 minutos

Porciones: 4

Ingredientes:

1. 1 cucharadita de extracto de stevia
2. ½ cucharadita de tomillo fresco
3. ½ cucharadita de sal
4. 1 cucharadita de aceite de oliva
5. 14 oz. de hinojo
6. 1 cucharadita de mantequilla
7. 1 cucharadita de orégano seco
8. ½ cucharadita de copos de chile

Direcciones:

- Cortar el hinojo en gajos. Derretir la mantequilla. Combine la mantequilla, el aceite de oliva, el orégano seco y los copos de chile en un bol.
- Combínalo bien.
- Añada la sal, el tomillo fresco y el extracto de stevia. Batir suavemente.
- Unte las cuñas de hinojo con la mezcla. Precaliente la freidora de aire a 370 F.
- Coloque las cuñas de hinojo en la rejilla de la freidora.

- Cocinar las cuñas de hinojo durante 3 minutos por cada lado.

La nutrición:

Calorías 41

Grasa 1,9

Carbohidratos 6,1

Proteína 1

Buñuelos de perejil y colinabo

Receta básica

Tiempo de preparación: 10 minutos

Tiempo de cocción: 7 minutos

Porciones: 4

Ingredientes:

1. oz. de colirrábano
2. 1 huevo
3. 1 cucharada de harina de almendra
4. ½ cucharadita de sal
5. 1 cucharadita de aceite de oliva
6. 1 cucharadita de pimienta negra molida
7. 1 cucharada de perejil seco
8. ¼ de cucharadita de chile

Direcciones:

- Pelar el colinabo y rallarlo. Combinar el colinabo rallado con sal, pimienta negra molida, perejil seco y guindilla.
- Romper el huevo en la mezcla y batirlo. Hacer buñuelos medianos con la mezcla.

- Precaliente la freidora de aire a 380 F. Engrase la bandeja de la freidora de aire con aceite de oliva y coloque los buñuelos dentro. Cocinar los buñuelos durante 4 minutos Dar la vuelta a los buñuelos y cocinarlos durante 3 minutos más. Deje que se enfríen un poco antes de servirlos.

La nutrición:

Calorías 66

Grasa 4,7

Carbohidratos 4,4

Proteína 3.2

Cebollino o Brotes de bambú

Receta básica

Tiempo de preparación: 10 minutos

Tiempo de cocción: 4 minutos

Raciones: 2

Ingredientes:

1 oz. de brotes de bambú
2 dientes de ajo, cortados en rodajas
3 1 cucharada de aceite de oliva
4 ½ cucharadita de copos de chile
5 cucharada de cebollino
6 ½ cucharadita de sal
7 cucharadas de caldo de pescado

Direcciones:

- Precalentar la freidora a 400 F. Cortar los brotes de bambú en tiras.
- Combine los dientes de ajo cortados, el aceite de oliva, los copos de chile, la sal y el caldo de pescado en la bandeja de la freidora de aire. Cocine durante 1 minuto.
- Remover la mezcla suavemente. Añadir las tiras de bambú y el cebollino.
- Remover el plato con cuidado y cocinar durante 3 minutos más.
- Remover de nuevo antes de servir.

La nutrición:

Calorías 100

Grasa 7,6

Carbohidratos 7

Proteína 3,7

Berenjenas y calabacines de verano

Receta básica

Tiempo de preparación: 15 minutos

Tiempo de cocción: 15 minutos

Porciones: 8

Ingredientes:

1. 1 berenjena
2. 1 tomate
3. 1 calabacín
4. oz de tallos de cebollino
5. pimientos verdes
6. 1 cucharadita de pimentón
7. 1 cucharada de aceite de oliva
8. ½ cucharadita de nuez moscada molida
9. ½ cucharadita de tomillo molido
10. 1 cucharadita de sal

Direcciones:

- Precaliente la freidora de aire a 390 F.
- Lavar cuidadosamente la berenjena, el tomate y el calabacín.
- Picar todas las verduras en trozos grandes.
- Coloque las verduras picadas en la bandeja de la freidora de aire.
- Cubrir las verduras con el pimentón, el aceite de oliva, la nuez moscada molida, el tomillo molido y la sal.

- Remover las verduras con dos espátulas.
- Cortar los pimientos verdes en cuadrados.
- Añadir los cuadrados a la mezcla de verduras. Remover suavemente.
- Cocer durante 15 minutos, removiendo después de 10 minutos y servir.

La nutrición:

Calorías 48

Grasa 2.1

Fibra 3.3

Carbohidratos 7,4

Proteína 1.4

Calabacín Hassel de vuelta

Receta básica

Tiempo de preparación: 15 minutos

Tiempo de coccíón: 12 minutos

Raciones: 2

Ingredientes:

1. 1 calabacín
2. oz. Cheddar, en rodajas
3. ½ cucharadita de sal
4. ½ cucharadita de orégano seco
5. ½ cucharadita de cilantro molido
6. ½ cucharadita de pimentón
7. cucharadas de crema de leche
8. 1 cucharadita de aceite de oliva
9. ¼ de cucharadita de ajo picado

Direcciones:

- Cortar los calabacines en forma de lomo de Hassel.
- A continuación, rellena los calabacines con el queso en rodajas.
- Cubra el lomo del calabacín Hassel con sal, orégano seco, cilantro molido, pimentón, ajo picado, aceite de oliva y crema de leche.
- Precaliente la freidora de aire a 400 F.

- Envuelva el calabacín Hassel de nuevo en papel de aluminio y colóquelo en la freidora de aire precalentada.
- Cocer durante 12 minutos
- Cuando el calabacín esté cocido, sácalo del papel de aluminio y córtalo en 2 trozos.

La nutrición:

Calorías 215

Grasa 14,9

Carbohidratos 5,7

Proteína 15,6

Hash de calabaza

Receta básica

Tiempo de preparación: 10 minutos

Tiempo de cocción: 14 minutos

Porciones: 4

Ingredientes:

1 1 taza de caldo de pollo

2 oz. de calabaza

3 1 cucharadita de sal

4 1 cucharada de mantequilla

5 1 cucharadita de eneldo seco

6 ¼ de cucharadita de pimentón

Direcciones:

- Pelar la calabaza y picarla.
- Precaliente la freidora de aire a 370 F.
- Vierta el caldo de pollo en la bandeja de la freidora de aire.
- Añadir sal, calabaza picada, mantequilla, eneldo seco y pimentón.
- Remover suavemente.
- Cocer durante 14 minutos
- Pasar a un bol.
- Utilizar un tenedor para triturar.
- Servir inmediatamente.

La nutrición:

Calorías 61

Grasa 3.3

Carbohidratos 6,2

Proteína 0,9

Champiñones a la mantequilla con cebollino

Receta básica

Tiempo de preparación: 10 minutos

Tiempo de cocción: 10 minutos

Raciones: 2

Ingredientes:

1 1 taza de champiñones blancos
2 oz de tallos de cebollino
3 1 cucharada de mantequilla
4 1 cucharadita de aceite de oliva
5 1 cucharadita de romero seco
6 1/3 cucharadita de sal
7 ¼ de cucharadita de nuez moscada molida

Direcciones:

- Precaliente la freidora de aire a 400 F.
- Vierta el aceite de oliva y la mantequilla en la bandeja de la freidora de aire.
- Añadir romero seco, sal y nuez moscada molida.
- Remover suavemente.
- Picar el cebollino.
- Añade el cebollino picado en la bandeja de la freidora.
- Cocer durante 5 minutos
- Mientras tanto, picar las setas blancas.
- Añade las setas.

- Remover la mezcla y cocinarla durante otros 5 minutos a la misma temperatura.
- Remover y servir.

La nutrición:

Calorías 104

Grasa 8,4

Carbohidratos 6,8

Proteína 1,8

Plan de comidas de 30 días

Día	Desayuno	Comida/cena	Postre
1	Sartén de camarones	Rollos de espinacas	Tarta de crepes de matcha
2	Yogur de coco con semillas de chía	Pliegues de queso de cabra	Mini tartas de calabaza con especias
3	Pudín de chía	Tarta de crepes	Barras de frutos secos
4	Bombas de grasa de huevo	Sopa de coco	Pastel de libra
5	Mañana "Grits"	Tacos de pescado	Receta de Tortilla Chips con Canela
6	Huevos escoceses	Ensalada Cobb	Yogur de granola con bayas
7	Sándwich de bacon	Sopa de queso	Sorbete de bayas
8	Noatmeal	Tartar de atún	Batido de coco y bayas
9	Desayuno al horno con carne	Sopa de almejas	Batido de plátano con leche de coco
10	Desayuno Bagel	Ensalada de carne asiática	Batido de mango y piña

11	Hash de huevo y verduras	Keto Carbonara	Batido verde de frambuesa
12	Sartén vaquera	Sopa de coliflor con semillas	Batido de bayas cargadas
13	Quiche de feta	Espárragos envueltos en prosciutto	Batido de papaya, plátano y col rizada
14	Tortitas de bacon	Pimientos rellenos	Batido de naranja verde
15	Gofres	Berenjenas rellenas de queso de cabra	Batido doble de bayas
16	Batido de chocolate	Curry Korma	Barras de proteínas energizantes
17	Huevos en sombreros de hongos Portobello	Barras de calabacín	Brownies dulces y con nueces
18	Bombas de grasa de matcha	Sopa de setas	Keto Macho Nachos
19	Keto Smoothie Bowl	Champiñones Portobello	Gelato de mantequilla de

		rellenos	cacahuete, choco y plátano con menta
20	Tortilla de salmón	Ensalada de lechuga	Melocotones con canela y yogur
21	Hash Brown	Sopa de cebolla	Paleta de pera y menta con miel
22	Cazuela Bangin' de Black	Ensalada de espárragos	Batido de naranja y melocotón
23	Tazas de tocino	Tabbouleh de coliflor	Batido de manzana con especias y coco
24	Huevos con espinacas y queso	Salpicao de ternera	Batido dulce y de nueces
25	Taco Wraps	Alcachofa rellena	Batido de jengibre y bayas
26	Donas de café	Rollos de espinacas	Batido apto para vegetarianos
27	Tortilla de huevo al horno	Pliegues de queso de cabra	Batido de ChocNut
28	Risotto de rancho	Tarta de crepes	Batido de coco y fresa

29	Huevos escoceses	Sopa de coco	Batido de espinacas y bayas
30	Huevos fritos	Tacos de pescado	Batido de postre cremoso

Conclusión

Gracias por haber llegado hasta el final de este libro. Una freidora de aire es una adición relativamente nueva a la cocina, y es fácil ver por qué la gente se entusiasma con su uso. Con una freidora de aire, puede hacer patatas fritas crujientes, alas de pollo, pechugas de pollo y filetes en minutos. Hay muchos alimentos deliciosos que puedes preparar sin añadir aceite o grasa a tu comida. Una vez más, asegúrese de leer las instrucciones de su freidora de aire y de seguir las normas de uso y mantenimiento adecuados. Una vez que su freidora de aire esté en buenas condiciones de funcionamiento, puede ser realmente creativo y comenzar a experimentar su camino hacia la comida saludable que sabe muy bien.

Eso es todo. ¡Gracias!

Lightning Source UK Ltd.
Milton Keynes UK
UKHW031046240221
379286UK00003BB/197

9 781801 751